1.-2. Schuljahr

Tanja Kotter

Parlez-vous français? 1

Französisch in der Grundschule

Erster spielerischer Umgang mit der neuen Fremdsprache

Lernen mit Erfolg
KOHL VERLAG
www.kohlverlag.de

Parlez-vous français?

Französisch in der Grundschule / 1.-2. Schuljahr

5. Auflage 2019

Inhalt: Tanja Kotter
Umschlagbild: © Oksana Kuzmina & mozZz - fotolia.com
Grafik & Satz: Kohl-Verlag
Druck: Druckhaus DOC GmbH, Kerpen

Bestell-Nr. 11 623

ISBN: 978-3-95686-599-2

Inhalt

KOHL VERLAG PARLEZ-VOUS FRANÇAIS?
Französisch in der Grundschule / Band 1: 1.-2. Lernjahr – Bestell-Nr. 11 623

Vorwort

Liebe Kolleginnen und Kollegen,

diese Reihe besteht aus zwei Bänden (Klasse 1/2 und Klasse 3/4) und ist übersichtlich gestaltet: Für jedes Thema, das sichtlich gekennzeichnet ist, finden Sie auf den ersten Seiten **fachdidaktische Hinweise** und Anregungen zur Anwendung.

Die ausgewählten Themen sind mit verschiedenen Werken aus sämtlichen Fächern abgestimmt und somit **leicht kombinierbar.**

Die Inhalte wurden so erarbeitet, dass ein **fächerübergreifendes Arbeiten** mit den Fächern Mathematik, Musik, Sport und Sachunterricht möglich ist.

Der Bildungsgehalt wird durch die Vernetzung verschiedener Themen noch höher. Ein Beispiel ist die authentische Verzahnung von Zahlen und Schulsachen.

Die Arbeitsblätter sind auf Französisch gehalten, damit auch ein **bilinguales Arbeiten** möglich ist. Die Schüler können sich an eindeutigen Symbolen orientieren und lernen so schnell, Arbeitsanweisungen in der Zweitsprache zu verstehen.

Die Schüler kommen bereits in der ersten Klasse mit der Schrift in Berührung. Dies fördert die natürliche und selbstverständliche Umgangsweise mit der französischen Schrift.

Die Arbeitsblätter und Spielideen sind auf **hohe mündliche Aktivität** ausgelegt und bieten vielzählige Sprechanlässe, um den mündlichen Wortschatz und die Aussprache besonders zu schulen.

In Hinblick auf die bildungspolitische Entwicklung in Richtung Gemeinschaftsschule bieten wir zu jedem Thema Differenzierungsmöglichkeiten an. Die Aufgaben und Übungen sind oft sowohl im Klassenverband als auch in **kooperativen Lernformen** einsetzbar.

Dieses Heft ist durch die, bei jedem Thema angegeben, möglichen verwendeten Wörter und Strukturen auch gut für Lehrkräfte geeignet, die das Fach Französisch **fachfremd unterrichten.**

Und nun viel Spaß und freudige Momente mit der französischen Sprache!

Tanja Kotter

Eines oder mehrere dieser Symbole sind auf jedem Arbeitsblatt links oben zu sehen und kategorisieren die entsprechenden Aktivitäten.

zuhören

malen / ausmalen

sprechen

schreiben

Methodisch-didaktische Hinweise

1 Salut c'est moi

Auf dieser Seite stellen sich die Schüler erstmals auf Französisch vor. Sie malen ein Selbstportrait in den Bilderrahmen, malen das entsprechende Geschlecht aus und je nach Alter wird die entsprechende Anzahl an Kerzen angemalt. Der Farbtopf enthält die Lieblingsfarbe des Schülers, bzw. die Farbe, die er bereits auf Französisch kennt.
Bei den Äußerungen sollte Rücksicht auf die bereits vorhandenen Wörter und Strukturen genommen werden. In dieser Phase steht das Hörverstehen aber auch die erste Anbahnung einzelner Wörter und Strukturen im Vordergrund. Wichtig dabei ist, dass die Schüler einzelne Wörter antworten dürfen.

- Comment tu t'appelles ?
  - Je m'appelle [Name]
  - [Name]
- Quelle est ta couleur préférée?
  - Ma couleur préférée est [rouge].
  - [rouge].
- Quel âge as-tu?
  - J'ai six ans.
  - six.
- Tu es un garçon ou une fille?
  - Je suis [une fille].
  - [fille].

2 Comment ça va?

Die Tiere stellen sich mit den neu eingeführten Strukturen vor. Bei der Aufgabe **1)** ist die Stimmung vorgegeben. Die Schüler wenden entsprechend dem Smiley « Ça va bien / super », « Ça va comme ci comme ça » und « ça va mal » an. Bei Aufgabe **2)** interviewen sie zwei Tischnachbarn und malen das entsprechende Smiley in die Sprechblase.

3 Les couleurs

Das Farbdomino muss zuerst entsprechend ausgemalt, dann ausgeschnitten, gemischt und richtig aneinandergesetzt werden. Voraussetzung hierbei ist, dass die Schüler die Verschriftlichung der Farben kennen. An der Stelle bieten sich auch gut Lautübungen und einfache Spracharbeit an.
Bereits bekannte und neu eingeführte Farben werden einzeln diktiert. Kennen die Schüler die Farben noch nicht sicher, kann nach jeder Farbe eine Kontrolle an der Tafel durchgeführt werden. Eine weitere Differenzierungsmöglichkeit ist, die Schüler sich gegenseitig diktieren zu lassen. Sie bekommen das Bild in zweifacher Ausführung. So können sie sich bereits eine Reihenfolge ausdenken und zur Lernkontrolle ausmalen. Das andere Bild wird vom Partner diktiert.

PARLEZ-VOUS FRANÇAIS? Französisch in der Grundschule / Band 1: 1.-2. Lernjahr – Bestell-Nr. 11 623
KOHL VERLAG

Methodisch-didaktische Hinweise

4 Les chiffres 1 - 5

Wörter und Strukturen, die verwendet werden können:

- un - deux - trois - quatre - cinq - Un plus deux égale trois.

Zahlendiktat:

Der Zug wird als Zahlendiktat verwendet. Die Lehrerin diktiert eine ausgedachte Reihenfolge an Zahlen. Die Schüler können die Zahlen anhand einer vergrößerten Ausfertigung des Zuges an der Tafel kontrollieren. Eine Differenzierungsmöglichkeit wäre, die Schüler sich gegenseitig die Reihenfolge diktieren zu lassen, wie es im zweiten Teil des Arbeitblattes vorgesehen ist.

Würfelspiel:

Die Lehrerin diktiert die Rechenaufgabe. Die Schüler tragen die einzelnen Würfelaugen entsprechend ein und rechnen die Aufgabe. Die Ergebnissicherung kann im Plenum oder mit dem Partner erfolgen, z.B.: « trois plus un égale quatre. »

Bei der Aufgabe 2 a-c würfeln die Schüler ihre eigenen Rechenaufgaben und tragen sie in die leeren Würfel ein. Dabei sprechen sie die Rechenaufgabe laut mit. Eine Differenzierungsmöglichkeit wäre, die Aufgabe in Partnerarbeit als Diktat durchzuführen.

5 Dans le cartable

Wörter und Strukturen, die verwendet werden können:

- un cartable
- une trousse
- une gomme
- un livre
- un crayon
- un feutre
- un cahier
- une colle
- des ciseaux
- Qui a … ?
- J'ai …
- Dans le/ mon cartable il y a …

Das Lesespiel kann im Plenum oder alternativ in der Gruppe gespielt werden. Jeder Schüler bekommt eine Karte ausgeteilt. Dieser liest vor, was oberhalb der Karte steht und frägt anschließend, wer den zweiten Gegenstand auf dem unteren Teil der Karte hat. Dieser Schüler ist dann an der Reihe. Das Spiel ist fertig, wenn der Schüler mit der letzten Karte („la fin") an der Reihe war.

Differenzierungsmöglichkeiten:
Für Schnellere: J'ai une trousse violette. Qui a un grand livre/un crayon jaune?
Für Erstklässler: Wiederholung der Struktur « Dans mon cartable il y a … «
Für das Spiel wird nur die Struktur « Dans mon cartable il y a … « gebraucht. Das kleine Symbol in der Ecke jeder Karte zeigt dem nächsten Schüler, dass er an der Reihe ist.

Bildbeschreibung:

Alte und neu gelernte Wörter und Strukturen werden auf dem Bild gesucht und benannt. Differenzierung: diktierte Begriffe auf oberem Bild einkreisen; diktierte Begriffe auf unterem Bild anmalen.

KOHL VERLAG PARLEZ-VOUS FRANÇAIS? Französisch in der Grundschule / Band 1: 1.-2. Lernjahr ■ Bestell-Nr. 11 623

Methodisch-didaktische Hinweise

6 Le temps

Wörter und Strukturen, die verwendet werden können:

- J'ai froid. - J'ai chaud. - le soleil (brille) - les nuages
- Il pleut. - la pluie - Il fait beau. - Il neige. - l'orage

Wetterkarten:

Die Schüler malen die Wetterkarten an und schneiden sie aus. Die Lehrerin nennt die einzelnen Wettererscheinungen, die die Schüler heraussuchen und in die Luft halten.

Wetterdiktat:

Die Lehrerin diktiert den Vers Zeile für Zeile. Währenddessen zeichnen oder malen die Schüler das entsprechende Wetter in eines der Kästchen. Natürlich können auch nur die bekannten Wörter diktiert werden.

Rhythmical:

Der Vers kann auch als Rhythmical gesprochen und aufgeführt werden. Rhythmicals sind oft mit Bewegung kombinierte Sprechrhythmen. Die Sprechverse sind aufgrund der häufigen Wiederholungen und ihrer kurzen Form leicht einprägsam.

Die Schüler werden in Gruppen eingeteilt. Jede Gruppe bekommt einen Sprechvers zugeteilt, den die Lehrerin mit der Teil- oder ganzen Gruppe einübt oder die Gruppen diesen in einer kurzen Übungsphase selbstständig einüben. Anschließend werden die Sprechverse zusammengetragen, sodass eine Art Kanon entsteht.

Dreieck-Puzzle:

Die Schüler schneiden die Dreiecke aus und legen sie richtig zusammen, indem sie das Wort oder den Satz dem entsprechenden Bild zuordnen. Laminiert kann dieses Spiel auch zur Freiarbeit oder bei der Lerntheke eingesetzt werden.

7 Le sapin de Noël

Wörter und Strukturen, die verwendet werden können:

- Un ange - une bougie - un cadeau - une cloche - une boule
- Sur le sapin de Noël il y a [quatre boules].
- Sous le sapin de Noël il y a [3 cadeaux].

Décorer le sapin

Die Lehrerin diktiert verschiedene neu gelernte Gegenstände, die die Schüler in den noch leeren Weihnachtsbaum hineinmalen, sodass er am Ende geschmückt ist. Hierbei wird das Hörverstehen geschult und es kann eine erste Überprüfung des vorhandenen Wortschatzes stattfinden.

Fortsetzung →

KOHL VERLAG PARLEZ-VOUS FRANÇAIS? Französisch in der Grundschule / Band 1: 1.-2. Lernjahr – Bestell-Nr. 11 623

Methodisch-didaktische Hinweise

Differenzierungsmöglichkeiten:

Die Schüler diktieren sich die Gegenstände gegenseitig. So wird die Aufgabe zu einem Sprechanlass.
Die Gegenstände können mit den Zahlen und Farben kombiniert werden.
Z.B. Il y a 4 boules rouges et 2 cadeaux bleus et jaunes.

Gedicht:

Das Gedicht kann vor- und von den Schülern nachgesprochen werden. Sie kleben das passende Bild zum Text, sodass ein Reim entsteht und lernen es auswendig.

Lösung:

Noël, Noël, c'est toujours beau,
le soir, il y a pleins de cadeaux.
On chante avec la famille,
Partout sont les bougies.
Après on mange
comme les anges.

8 Joyeux anniversaire

Wörter und Strukturen, die verwendet werden können:

- Joyeux anniversaire
- J'ai ... ans.
- Merci.
- Quel âge as-tu?
- Quelle fête!
- les cadeaux

Geburtstags-Rhythmical:

Rhythmicals sind oft mit Bewegung kombinierte Sprechrhythmen. Die Sprechverse sind aufgrund der häufigen Wiederholungen und ihrer kurzen Form leicht einprägsam.

Die Schüler werden in Gruppen eingeteilt. Jede Gruppe bekommt einen Sprechvers zugeteilt, den die Lehrerin mit der Teil- oder ganzen Gruppe einübt oder die Gruppen diesen in einer kurzen Übungsphase selbstständig einüben. Anschließend werden die Sprechverse zusammengetragen.

Ausführung 1: Das Rhythmical kann polyphon aufgeführt werden: Die Gruppen setzen nach und nach ein und wiederholen mehrere Male ihren Sprechvers, bis die Lehrerin abwinkt oder sie einzeln wieder ausklingen lässt.

Ausführung 2: Das Rhythmical kann als Geschichte erzählt werden: Alle Schüler singen alle Sprechverse nacheinander. Passende Bewegungen dazu können vorgegeben oder erfunden werden. Die 4. Strophe kann variiert gesprochen werden: Beim 1. Mal wird sie noch normal betont, bei der 1. Wiederholung etwas lauter und fröhlicher und bei der 2. Wiederholung übertrieben fröhlich, sodass ein spannendes Ende entsteht.

Methodisch-didaktische Hinweise

9 Mon animal préféré

Wörter und Strukturen, die verwendet werden können:

- le chien - le chat - le poisson - le lapin - l'oiseau - le cheval
- Mon animal préféré est jaune/vert/bleu/rouge/marron/gris.
- Il est grand/petit.
- Qu'est-ce que c'est?
- (Est-ce que) tu aimes … ?
- Oui / non.

Interview:

Das Interview wird im Klassenverband durchgeführt. Die Schüler interviewen sich gegenseitig nach ihrem Lieblingstier. Dabei können sie zwei verschiedene Satzstrukturen verwenden:
-> « (Est-ce que) tu aimes [le lapin]? »
Der interviewte Schüler antwortet mit « oui » oder « non ». Bei der Bejahung schreibt der Interviewer den Namen in das entsprechende Kästchen der Tabelle, die er mit sich führt. Wird die Frage verneint, wird der Name in die untere Zeile eingetragen. Bei der Ergebnissicherung kann damit die Verneinung „ne…pas" wiederholt werden.
-> « Quel est ton animal préféré? »
Je nach Antwort schreibt der Interviewer den Namen unter das entsprechende Tier. Jetzt muss er noch Namen für die restlichen Tiere finden.
Die Ergebnissicherung kann im Plenum stattfinden. An der Tafel befindet sich eine vergrößerte Version der Tabelle. Verschiedene Schüler lesen ihr Ergebnis vor. Die Lehrerin schreibt die Namen in die Tabelle:

« [Lisa] aime [le hamster]. »

« [Félix] n'aime pas [le chien]. »

« L'animal préféré de [Lisa] est [le hamster]. »

Quartett:

Die Schüler malen die Tiere auf den Karten entsprechend den Vorgaben an. Das Quartett wird in Gruppen gespielt. Alle Karten werden an die Spieler verteilt. Der jüngste Spieler beginnt und fragt seinen Nebenspieler im Uhrzeigersinn: « Tu as [le chat bleu? » Ziel des Spiels ist es, alle vier Karten seines Tieres zu sammeln. Wer vier Karten seines Tieres hat, legt sie ab. Wer keine Karten mehr auf der Hand hat, hat gewonnen.

Differenzierungsmöglichkeiten:

Ein Schüler aus der Gruppe beschreibt sein Lieblingstier:
« Mon animal (préféré) est marron/gris/vert/bleu/rouge/jaune/orange.
Il est grand/petit.
Qu'est-ce que c'est? »
Derjenige, der das Rätsel gelöst hat, ist an der Reihe.

PARLEZ-VOUS FRANÇAIS?
Französisch in der Grundschule / Band 1: 1.-2. Lernjahr – Bestell-Nr. 11 623
KOHL VERLAG

Methodisch-didaktische Hinweise

10 Mon corps

Wörter und Strukturen, die verwendet werden können:

- le bras - la main - la jambe - le pied - la tête - le ventre - la bouche

KIM Spiel

Jeweils ein Körperteil in dem Raster fehlt. Die Schüler zeichnen dies in das darunter leerstehende Kästchen ein. Die mündliche Aktivität besteht darin, die Schüler das Ergebnis vorlesen zu lassen.

Differenzierungsmöglichkeit:

Schnelle Schüler zeichnen ein eigenes Körperteil-Rätsel und spielen es mit einem Mitschüler.

S comme „Sport“

Dieses Arbeitsblatt kann auch fächerübergreifend im (bilingualen) Sportunterricht eingesetzt werden oder auch als Ritual im Französischunterricht Stück für Stück eingeführt werden.
Die Schüler lernen das Gedicht mit der Zeit auswendig. Wichtig dabei ist, dass Sie die Bewegungen jeweils parallel dazu einführen. So prägen sich die Verse besser ein. Das Arbeitsblatt kann vor oder nach der Einführung erfolgen, je nachdem, ob Sie damit die Bewegungen besprechen oder eine Ergebnissicherung haben möchten. Die Schüler schneiden die Bewegungsbilder aus und kleben sie an die richtige Stelle im Gedicht.

Lösungen:

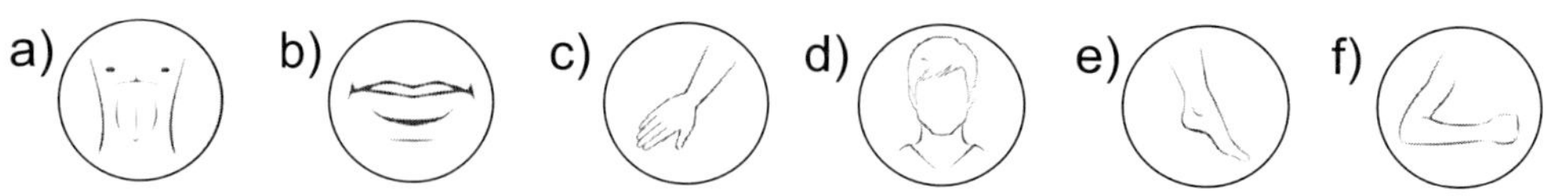

KOHL VERLAG
PARLEZ-VOUS FRANÇAIS?
Französisch in der Grundschule / Band 1: 1.-2. Lernjahr – Bestell-Nr. 11 623

Methodisch-didaktische Hinweise

11 Les jouets

Wörter und Strukturen, die verwendet werden können:

- le dé - l'ours (le teddy) - la poupée - le ballon - la voiture
- Qu'est-ce qu'il y a dans la chambre? - Il y a ...

Bildbeschreibung

Alte und neu gelernte Wörter und Strukturen werden auf dem Bild gesucht, benannt und angemalt.

Qu'est-ce qu'il y a dans la chambre?

Dieses Arbeitsblatt ist für eine Partnerarbeit gedacht. Ein Schüler diktiert seinem Partner die angegebene Anzahl an Spielsachen. Dieser umkreist den angegebenen Gegenstand und schreibt die diktierte Anzahl dazu.

Differenzierungsmöglichkeit:
Auf dem nächsten Arbeitsblatt können die Schüler die Anzahl der Gegenstände frei wählen. Der Partner zeichnet die Gegenstände selbst ein.

12 Les chiffres 6-10

Wörter und Strukturen, die verwendet werden können:

- un - deux - trois - quatre - cinq - six - sept
- huit - neuf - dix

Zahlendiktat:

Die Lehrerin diktiert eine Zahlenfolge, die die Schüler in die Waggons schreiben.

Bingo:

Die Schüler schreiben beliebige Zahlen in ein Bingofeld. Die Lehrerin nennt verschiedene Zahlen. Hat der Schüler die genannte Zahl, darf er sie ankreuzen. Bei drei Kreuzen in einer Reihe ruft der Schüler Bingo und hat das Spiel gewonnen.

Differenzierungsmöglichkeiten:

Ein Schüler diktiert die Zahlen. Kann in Partner-/Gruppenarbeit erfolgen.

13 A l'école

Wörter und Strukturen, die verwendet werden können:

- La poubelle - la fenêtre - la porte - la chaise - la table - le tableau - l´étagère - l´horloge - le cartable - Qu'est-ce que c'est? - C'est un/une...

Qu'est-ce que c'est?

Die Begriffe werden wahlweise von der Lehrerin vorgelesen oder die Schüler lesen die Begriffe selbst. Sie kreuzen anschließend das richtige Bild an. Die Ergebnisse sollten immer und wenn möglich mehrfach im Plenum „vorgelesen" werden. - Qu'est-ce que c'est?" - „C'est un / une..." Fortsetzung →

KOHL VERLAG
PARLEZ-VOUS FRANÇAIS?
Französisch in der Grundschule / Band 1: 1.-2. Lernjahr – Bestell-Nr. 11 623

Methodisch-didaktische Hinweise

Klassenzimmer gestalten:

Die neuen Begriffe werden von der Lehrerin oder in Partnerarbeit von einem Schüler diktiert und in dieser Reihenfolge auf das leere Klassenzimmer gelegt.

14 Le printemps

Wörter und Strukturen, die verwendet werden können:

- les gouttes de pluie
- l'éléphant
- le crocodile
- le pingouin
- l'araignée
- l'antilope
- le kangourou
- les bottes

Klanggeschichte / Rhythmical

Die Lehrerin liest die Klanggeschichte zunächst vor und visualisiert sie mit Bildern. Die drei Sprechverse werden beliebig oft wiederholt und motivieren die Schüler durch ihre Rhythmik zum Mitsprechen. Anschließend werden drei große oder sechs kleine Gruppen gebildet. Jeder Gruppe wird ein Sprechvers zugeteilt. Die Erarbeitung kann im Plenum oder selbstständig in den Kleingruppen erfolgen.

Ausführung 1: Die Schüler tragen nacheinander, dann gemeinsam (polyrhythmisch) ihre Sprechverse vor.

Ausführung 2: Die Lehrerin liest erneut die Geschichte vor. Die entsprechenden Gruppen setzen mit ihrem Sprechvers ein und ergänzen so die Geschichte.

15 Les fruits

Wörter und Strukturen, die verwendet werden können:

- la fraise
- l'ananas
- la pastèque
- la pomme
- l'orange
- l'abricot
- Combien de [pommes] vois-tu?
- Je vois / Il y a [sept pommes].

Combien de…:

Dieses Arbeitsblatt kann zur Wiederholung der Obstsorten eingesetzt werden. Die Schüler beschreiben zunächst, was sie auf dem Bild sehen. Anschließend werden die einzelnen Obstsorten gezählt und die Anzahl in die Kästchen geschrieben. Zur Kontrolle lesen einzelne Schüler das Ergebnis vor.

Erweiterungsmöglichkeit:

An dieses Arbeitsblatt kann sich ein kurzer Dialog in Partnerarbeit oder eine kurze einfache Marktszene anknüpfen. Die Schüler spielen den Einkauf von Obst nach und verwenden dabei einfache und von der Lehrerin vorgegebene Satzstrukturen. Gruppen setzen mit ihrem Sprechvers ein und ergänzen so die Geschichte.

1 Salut, c'est moi!

KOHL VERLAG

2 Comment ça va?

1. Comment ça va?

a) Comment ça va, éléphant?

a) Comment ça va, crocodile?

a) Comment ça va, kangourou?

2. *Bonjour! Comment* ça va?

a)

b)

3 Les couleurs

1. *Coupe les cartes.*

2. *1→2→3* *Trouve le bon ordre.*

gris	
vert	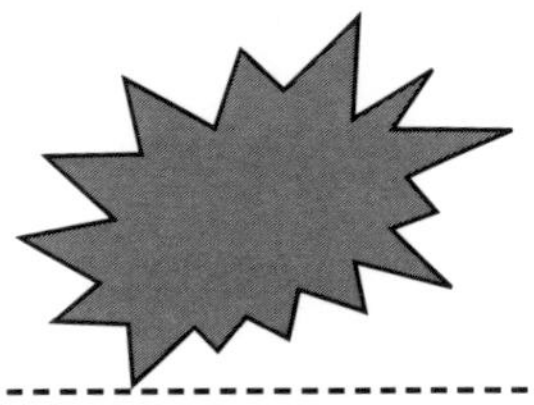
rouge	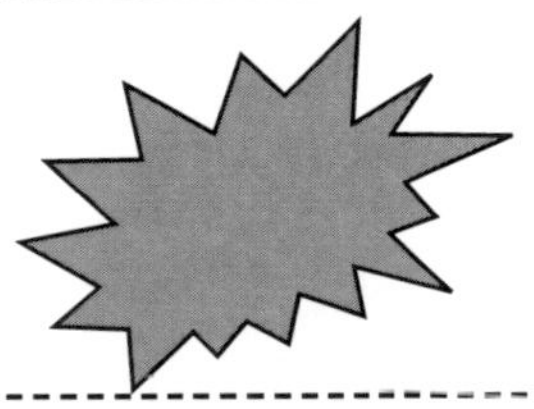
bleu	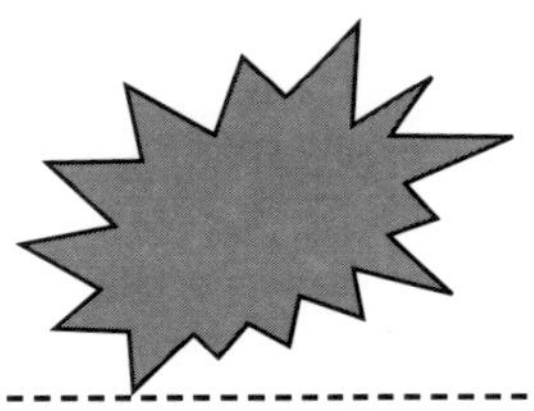
marron	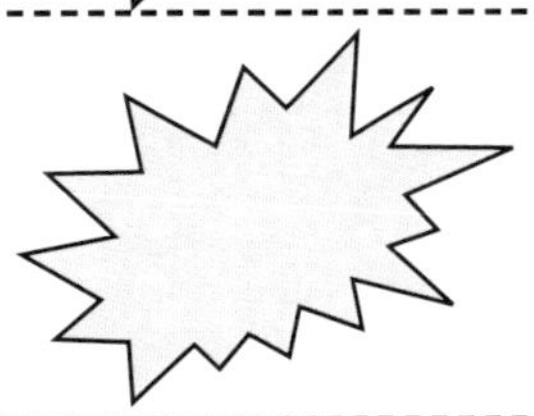
jaune	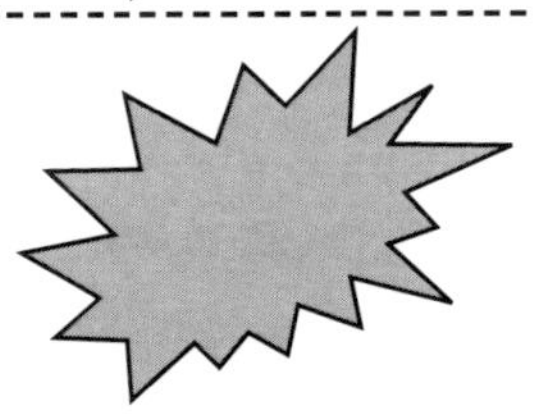
orange	

PARLEZ-VOUS FRANÇAIS?
Französisch in der Grundschule / Band 1: 1.-2. Lernjahr – Bestell-Nr. 11 623
KOHL VERLAG

Mila 21.8.21

3 Les couleurs

	gris
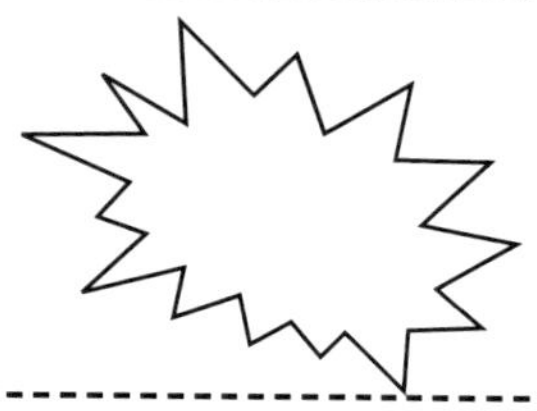	vert
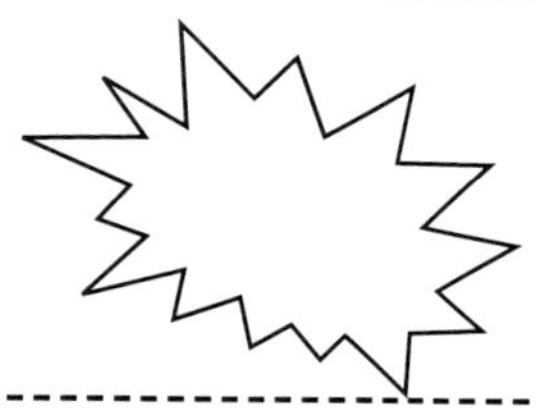	rouge
	bleu
	marron
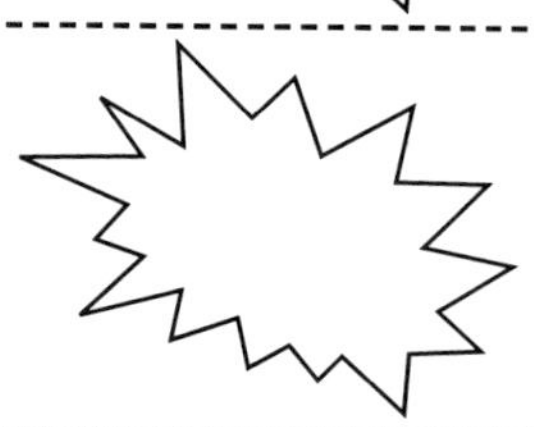	jaune
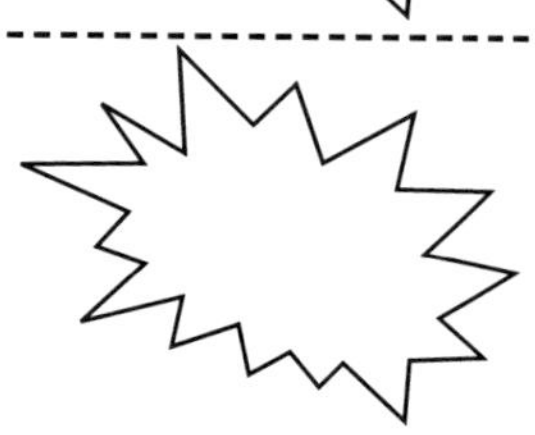	orange

KOHL VERLAG
PARLEZ-VOUS FRANÇAIS?

3 Les couleurs

1. *Écoute et colorie les cornets avec la bonne couleur.*

2. *Écoute et colorie les ballons avec la bonne couleur.*

PARLEZ-VOUS FRANÇAIS?
Französisch in der Grundschule / Band 1: 1.-2. Lernjahr – Bestell-Nr. 11 623
KOHL VERLAG

4 Les chiffres 1-5

KOHL VERLAG
PARLEZ-VOUS FRANÇAIS?
Französisch in der Grundschule / Band 1: 1./2. Lernjahr – Bestell-Nr. 11 623

4 Les chiffres 1-5

1. *Écoute et calcule!*

a)

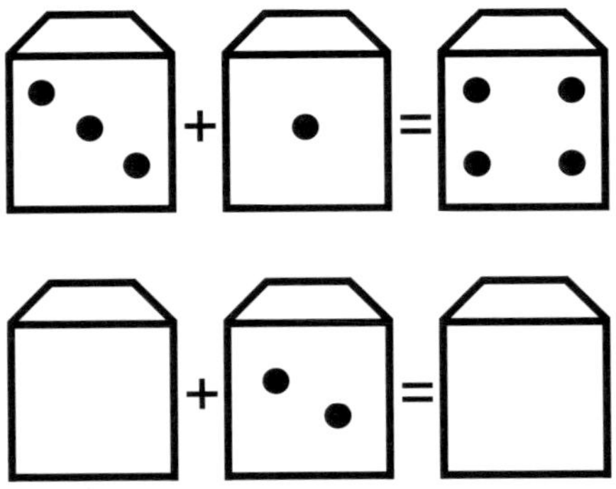

b)

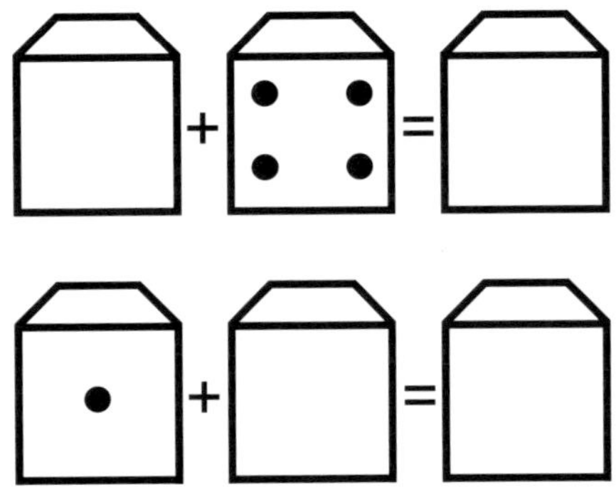

2. *Lance les dés et invente tes calculs!*

a)

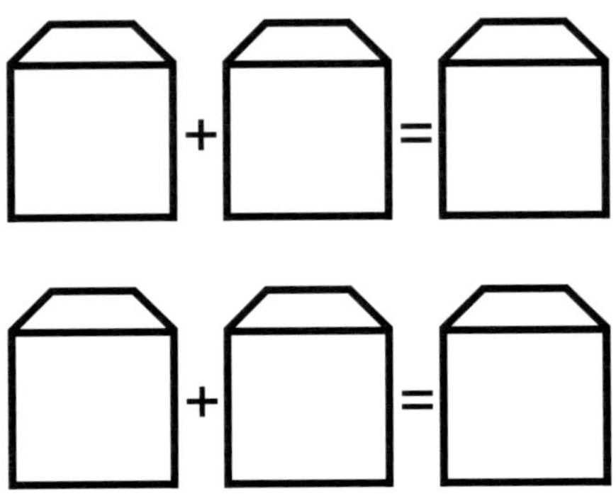

b)

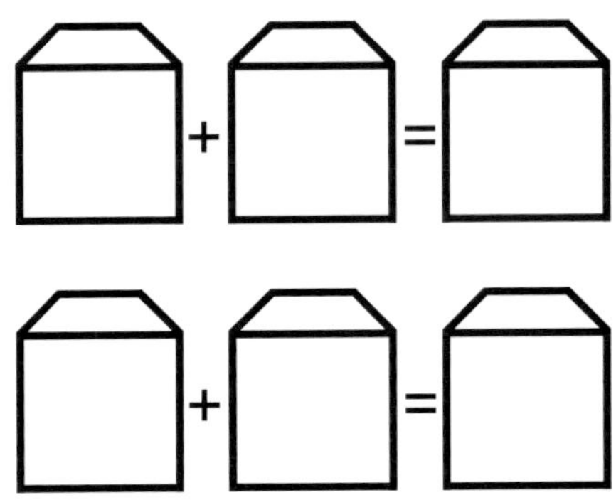

c)

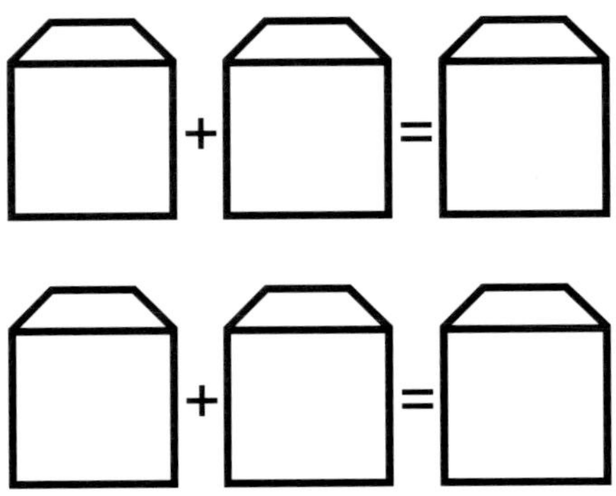

KOHL VERLAG
PARLEZ-VOUS FRANÇAIS?
Französisch in der Grundschule / Band 1: 1.-2. Lernjahr – Bestell-Nr. 11 623

Mila 12.6.21

5 Dans le cartable

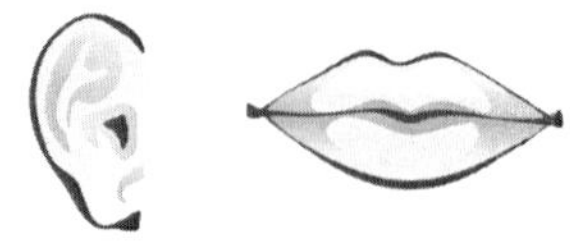

Je commence et j'ai la gomme.

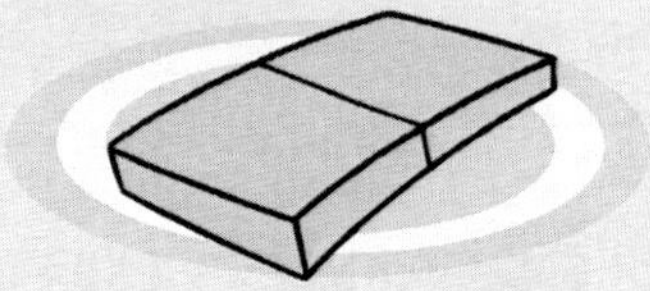

J'ai ...

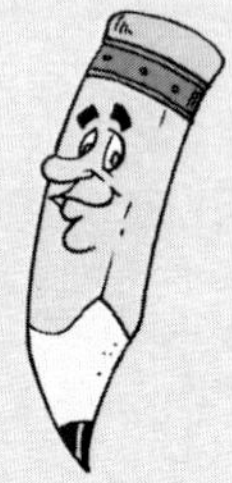

J'ai ...

Qui a le crayon?

Qui a ...?

Qui a ...?

J'ai ...

J'ai ...

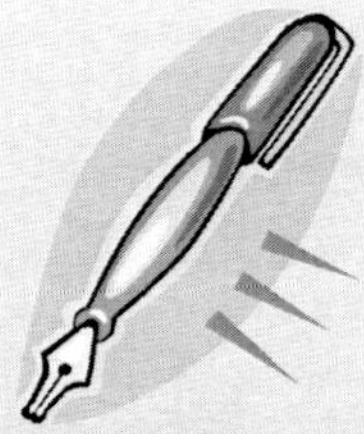

J'ai ...

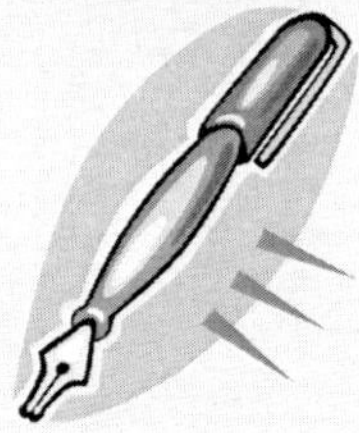

Qui a ...?

Qui a ...?

Qui a ...?

J'ai ...

J'ai ...

J'ai ...

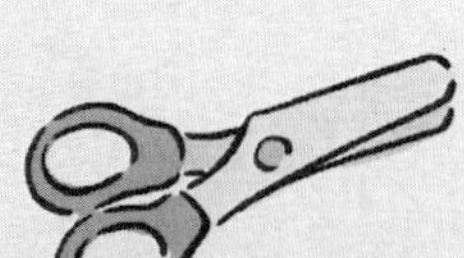

Qui a ...?

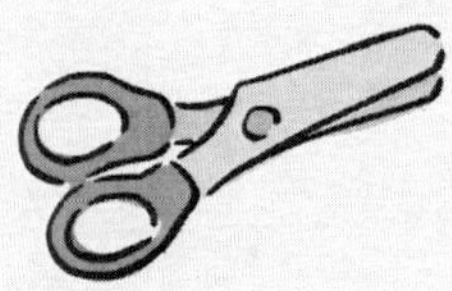

Qui a ...?

Qui a ...?

KOHL VERLAG
PARLEZ-VOUS FRANÇAIS?
Französisch in der Grundschule / Band 1: 1.-2. Lernjahr – Bestell-Nr. 11 623

5 Dans le cartable

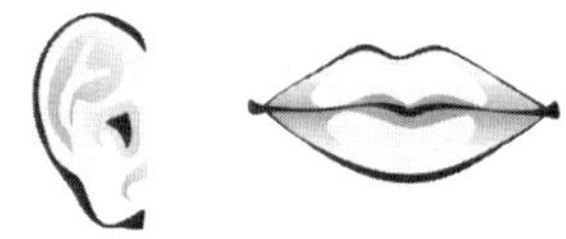

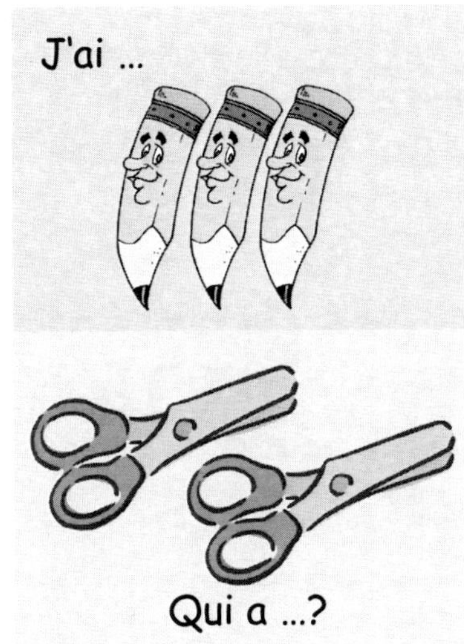

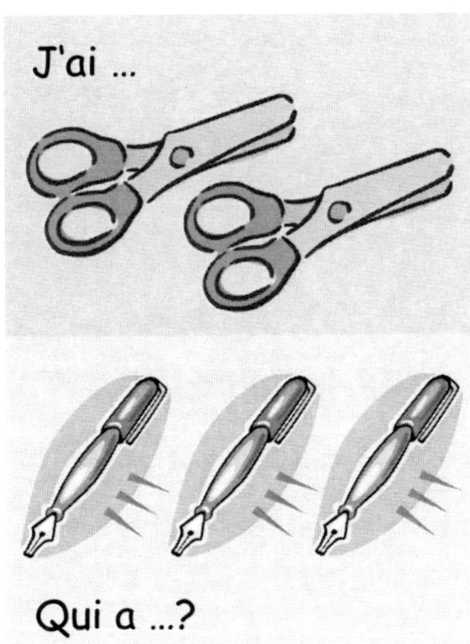

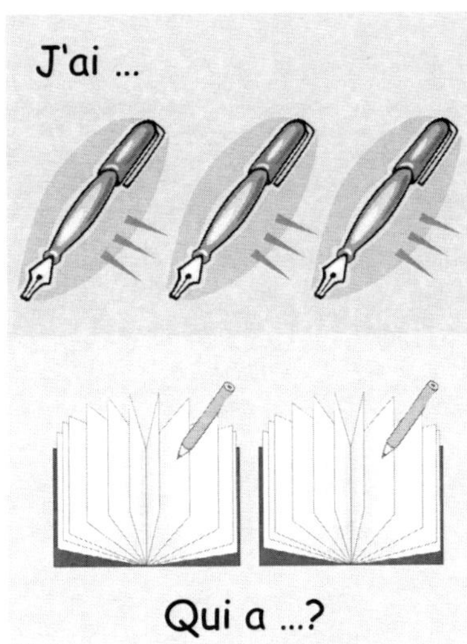

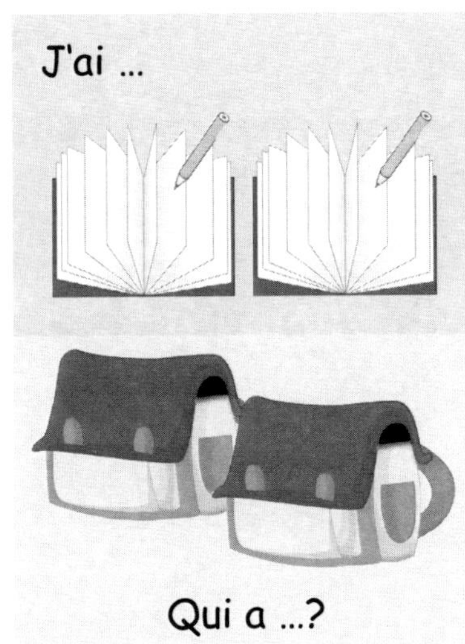

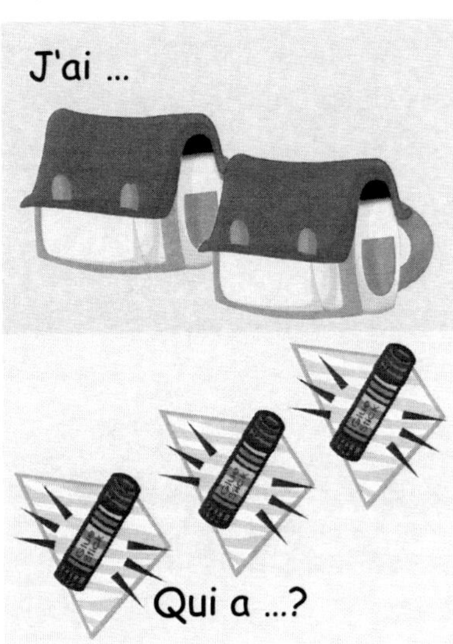

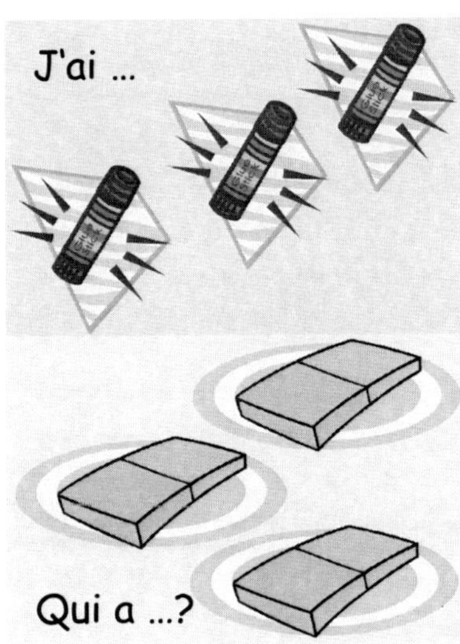

PARLEZ-VOUS FRANÇAIS?
Französisch in der Grundschule / Band 1: 1.-2. Lernjahr – Bestell-Nr. 11 623
KOHL VERLAG

5 Dans le cartable

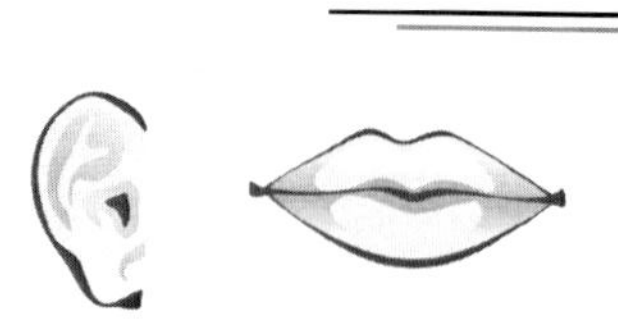

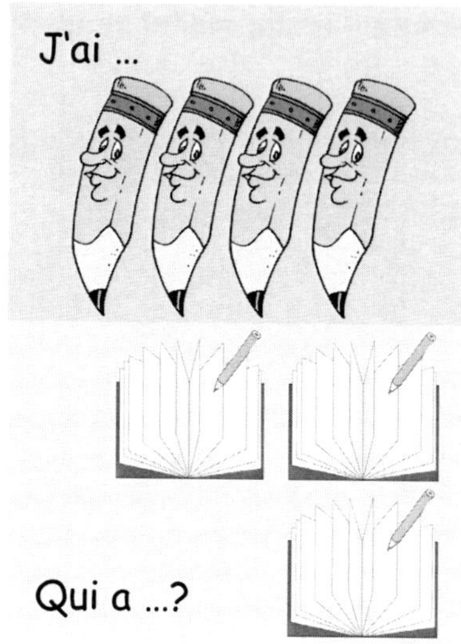

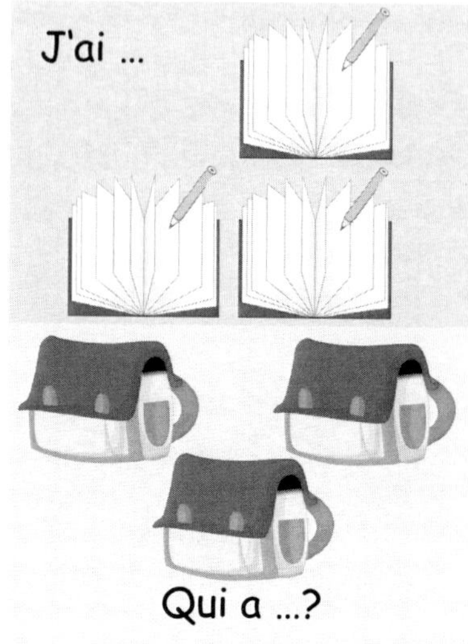

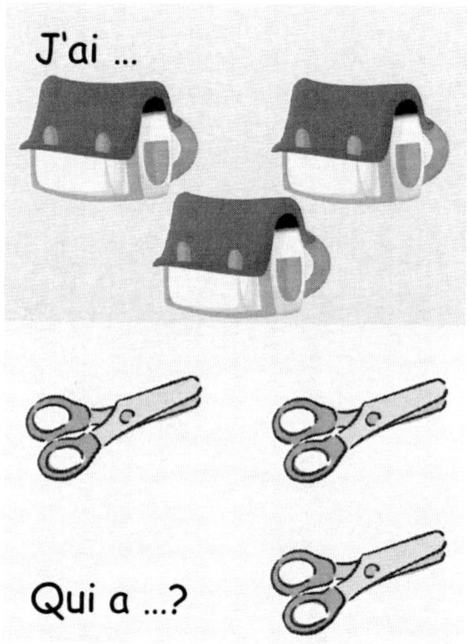

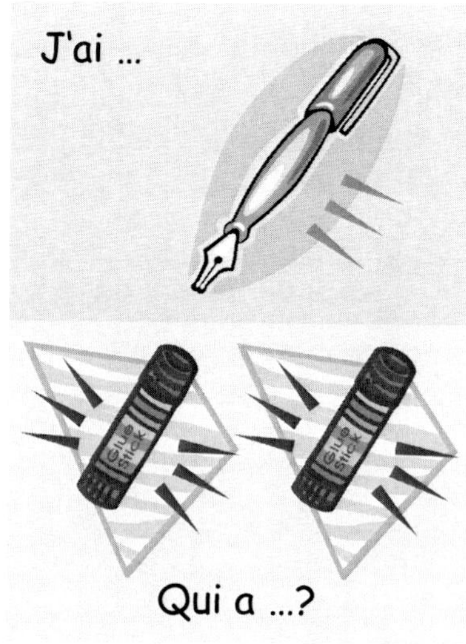

PARLEZ-VOUS FRANÇAIS?
Französisch in der Grundschule / Band 1: 1.-4. Lernjahr • Bestell-Nr. 11 623
KOHL VERLAG

5 Dans le cartable

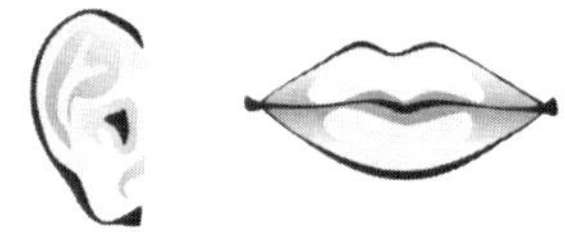

Dans mon cartable
il y a...

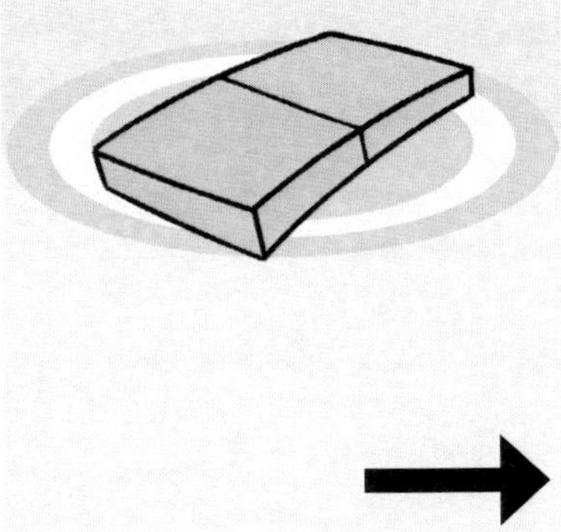

Dans mon cartable
il y a...

Dans mon cartable
il y a...

Dans mon cartable
il y a...

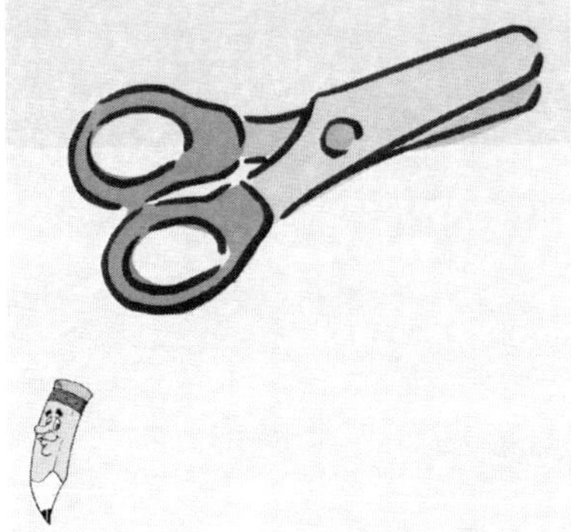

Dans mon cartable
il y a...

Dans mon cartable
il y a...

Dans mon cartable
il y a...

Dans mon cartable
il y a...

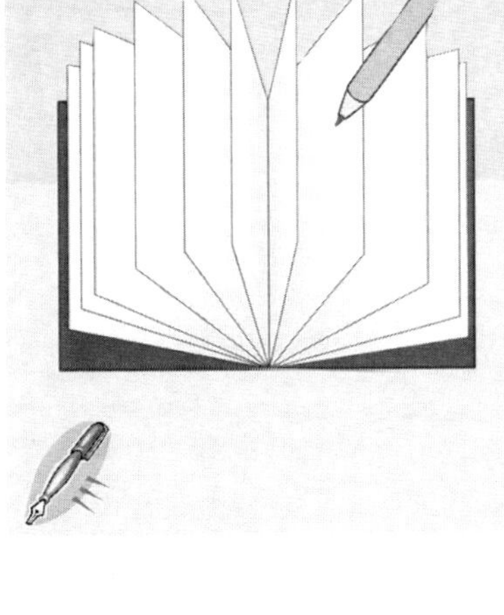

Dans mon cartable
il y a...

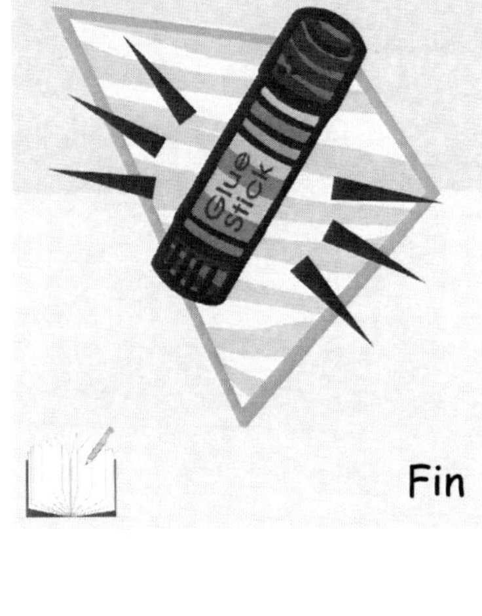

KOHL VERLAG
PARLEZ-VOUS FRANÇAIS?
Französisch in der Grundschule / Band 1: 1.-2. Lernjahr – Bestell-Nr. 11 623

5 Dans le cartable

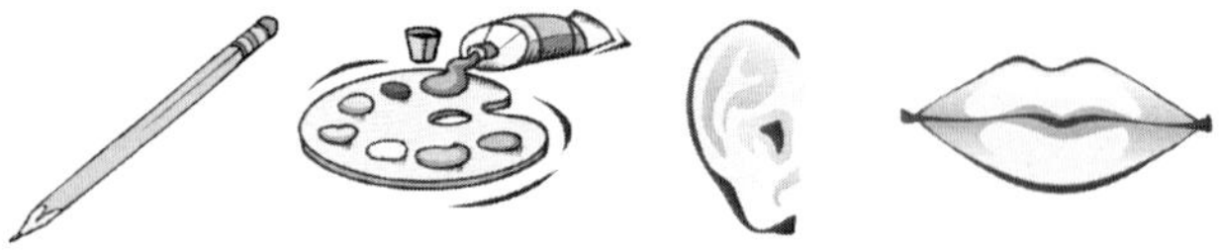

1. *Écoute et encercle.*

2. *Écoute et dessine.*

PARLEZ-VOUS FRANÇAIS?
Französisch in der Grundschule / Band 1: 1.-2. Lernjahr – Bestell-Nr. 11

6 Le temps

1. ✂-------- *Coupe les cartes.*

2. *1→2→3* *Trouve le bon ordre.*

PARLEZ-VOUS FRANÇAIS?
Französisch in der Grundschule / Band 1: 1.-2. Lernjahr – Bestell-Nr. 11 623
KOHL VERLAG

6 Le temps

1. *Écoute et dessine le bon temps.*

1.	**2.**
3.	**4.**

KOHL VERLAG
PARLEZ-VOUS FRANÇAIS?
Französisch in der Grundschule / Band 1: 1./2. Lernjahr – Bestell-Nr. 11 693

6 **Le temps**

1. ✂------ *Coupe les cartes.*

2. *1→2→3* *Trouve le bon ordre.*

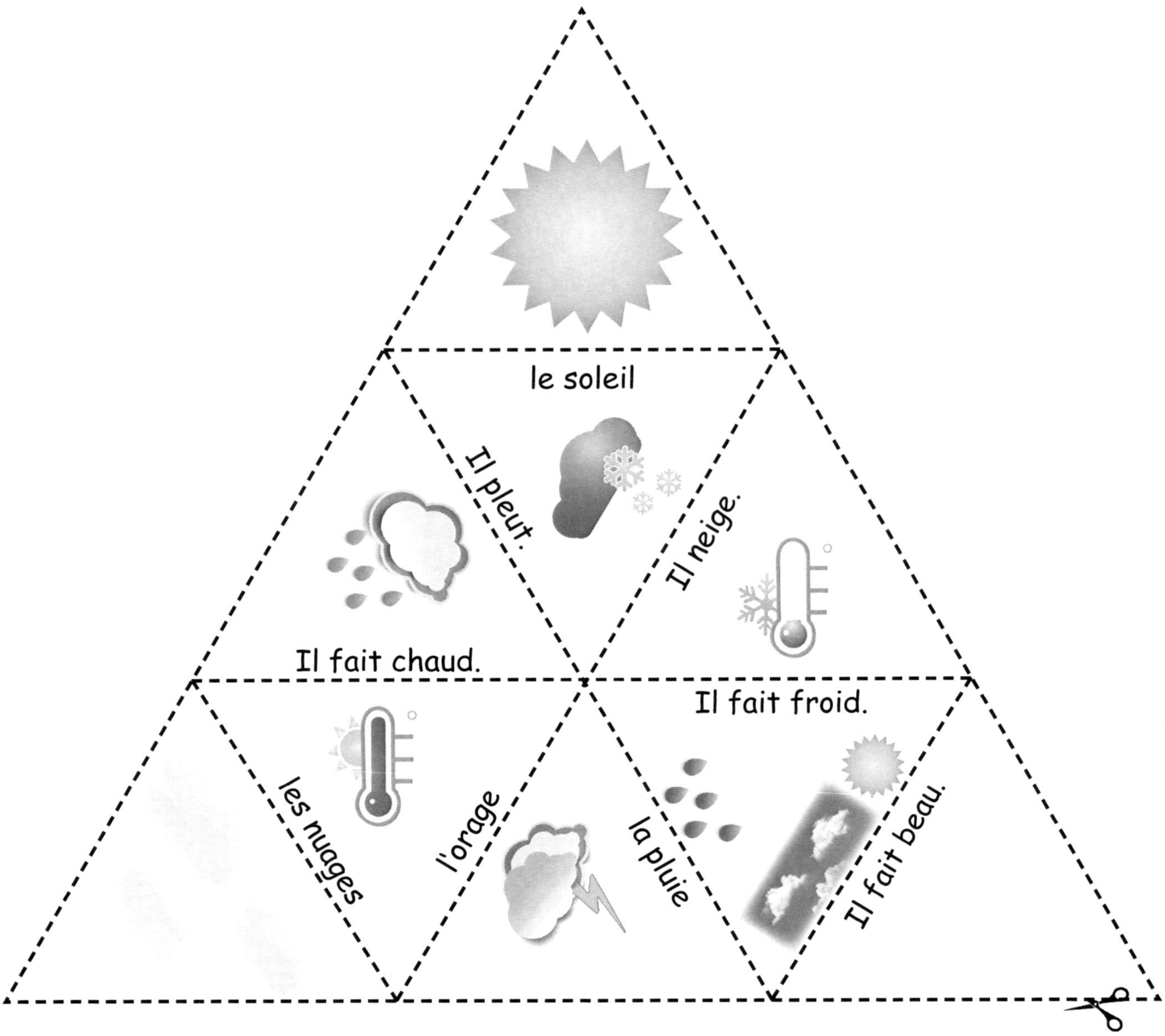

KOHL VERLAG
PARLEZ-VOUS FRANÇAIS?
Französisch in der Grundschule / Band 1: 1.-2. Lernjahr – Bestell-Nr. 11 623

7 Le sapin de Noël

1. *Décore le sapin de Noël*

PARLEZ-VOUS FRANÇAIS?
KOHL VERLAG

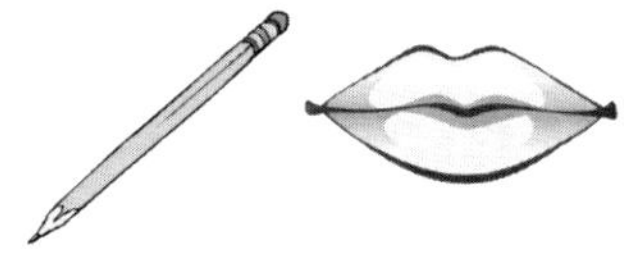

Noël

Noël, Noël, c'est toujours beau,

le soir, il y a pleins de ________ .

On chante avec la famille,

partout sont les ________ .

Après on mange ________

comme les ________ .

PARLEZ-VOUS FRANÇAIS?
Französisch in der Grundschule / Band 1: 1.-2. Lernjahr – Bestell-Nr. 11 623
KOHL VERLAG

8 Joyeux anniversaire

groupe 1

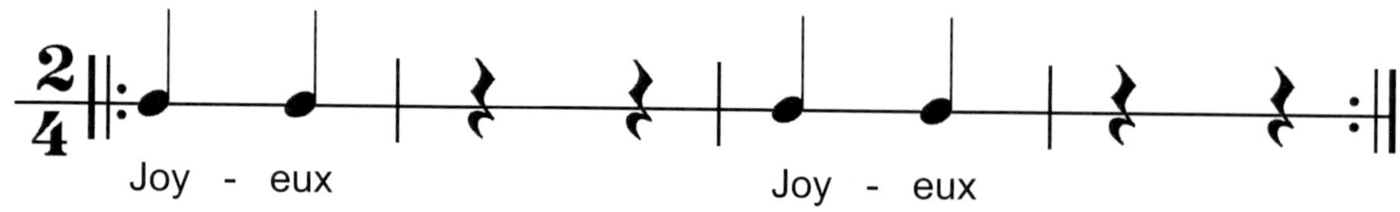

groupe 2

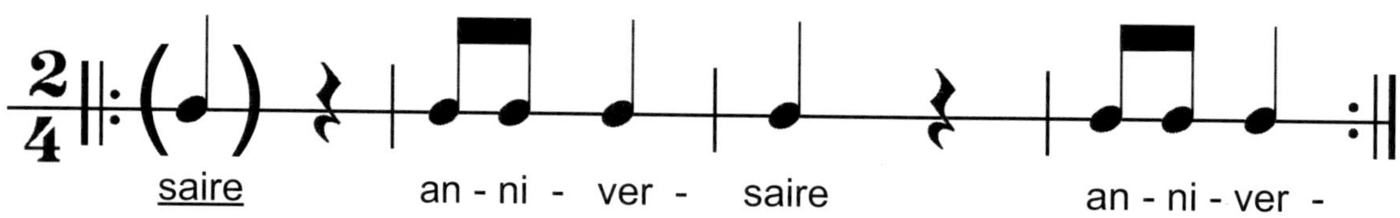

groupe 3

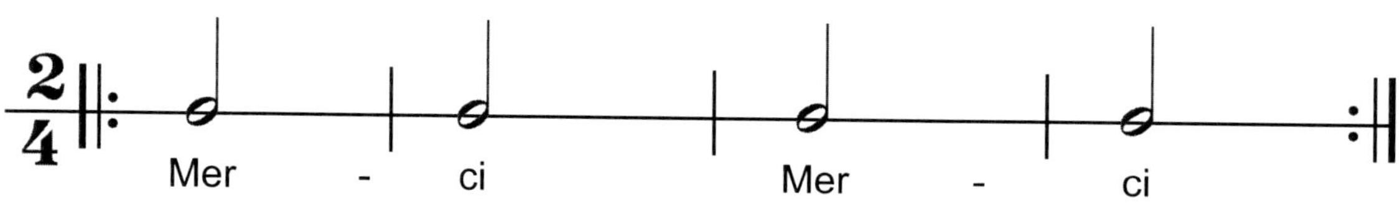

groupe 4

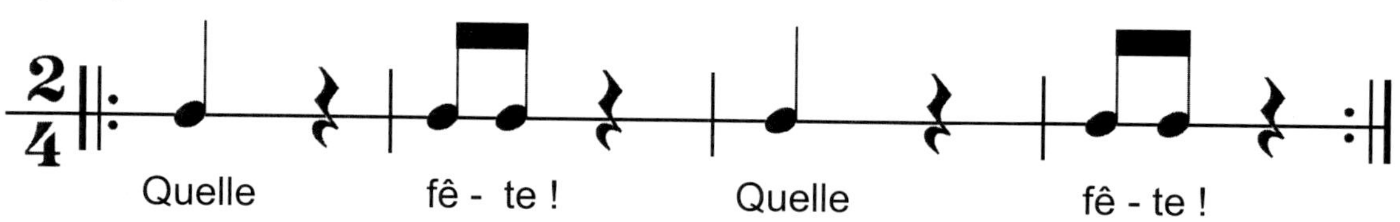

KOHL VERLAG
PARLEZ-VOUS FRANÇAIS?

9 Mon animal préféré

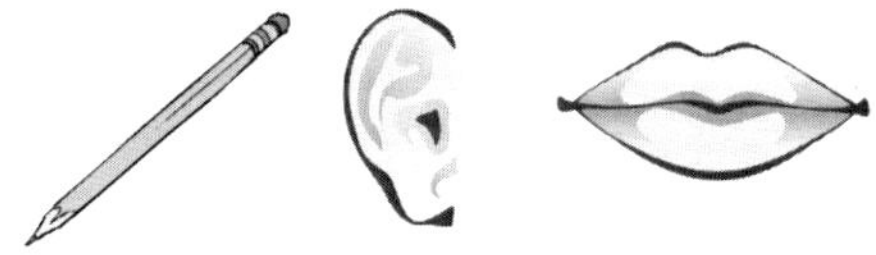

1. *Tu aimes …?*

2. *Quel est ton animal préféré?*

PARLEZ-VOUS FRANÇAIS?
Französisch in der Grundschule / Band 1: 1.-2. Lernjahr – Bestell-Nr. 11 623
KOHL VERLAG

9 Mon animal préféré

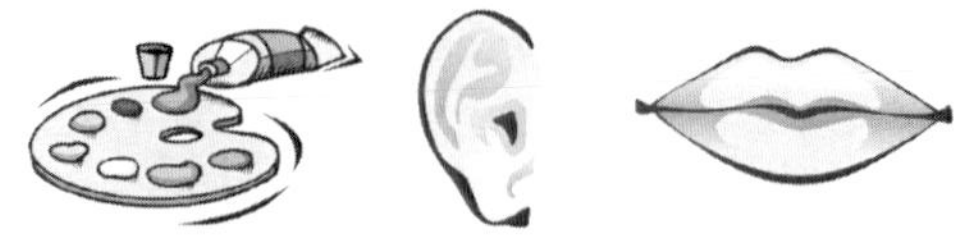

 vert	 jaune	 orange
 gris	 rouge	 bleu
 gris	 rouge	 bleu

PARLEZ-VOUS FRANÇAIS?
KOHL VERLAG

9 Mon animal préféré

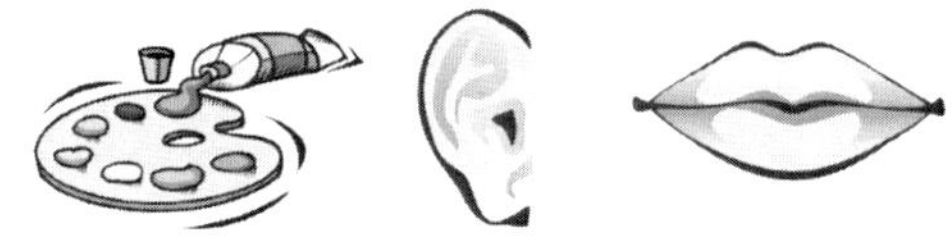

 marron	 jaune	 orange
 gris	 rouge	 bleu
 bleu	 marron	 orange

PARLEZ-VOUS FRANÇAIS?
Französisch in der Grundschule / Band 1: 1.-2. Lernjahr – Bestell-Nr. 11 623
KOHL VERLAG

9 Mon animal préféré

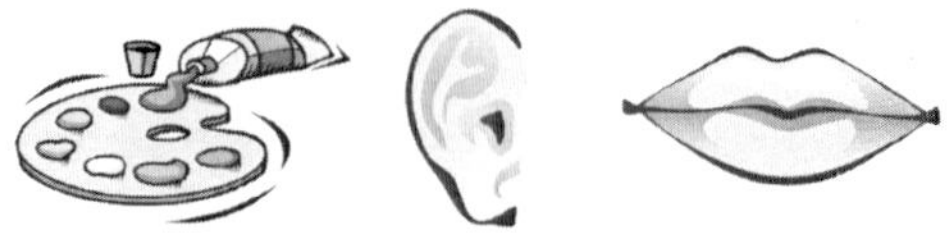

vert

jaune

orange

gris

rouge

vert

KOHL VERLAG
PARLEZ-VOUS FRANÇAIS?
Französisch in der Grundschule / Band 1: 1.-2. Lernjahr – Bestell-Nr. 11 993

10 Mon corps

1. *Qu'est-ce qui manque?*

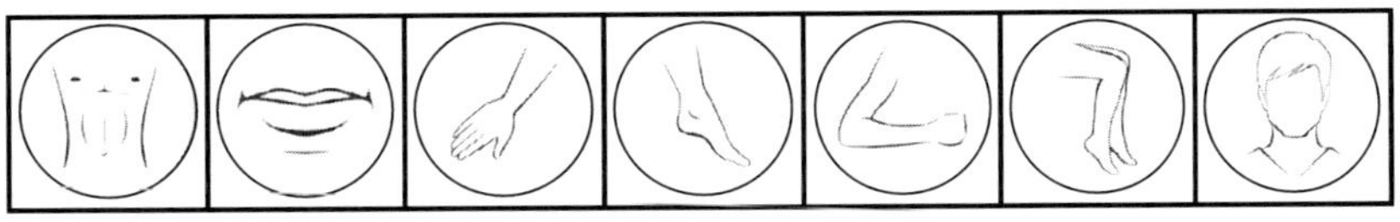

a)

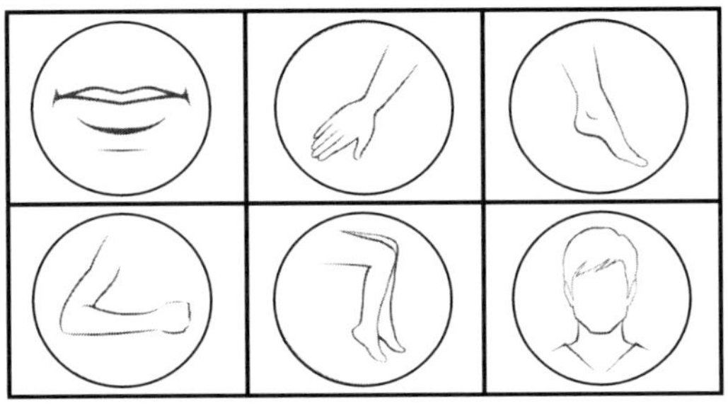

b)

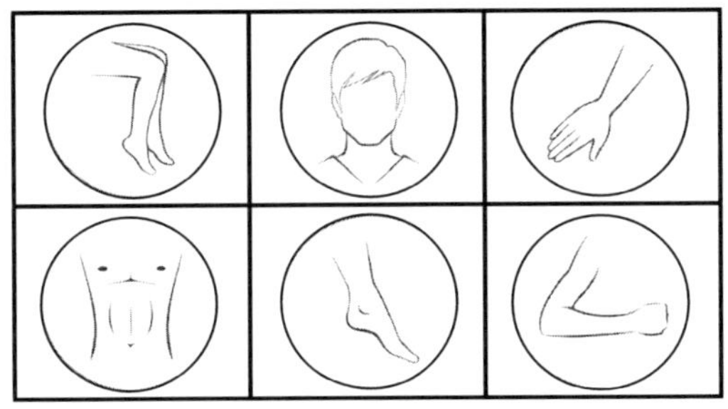

c)

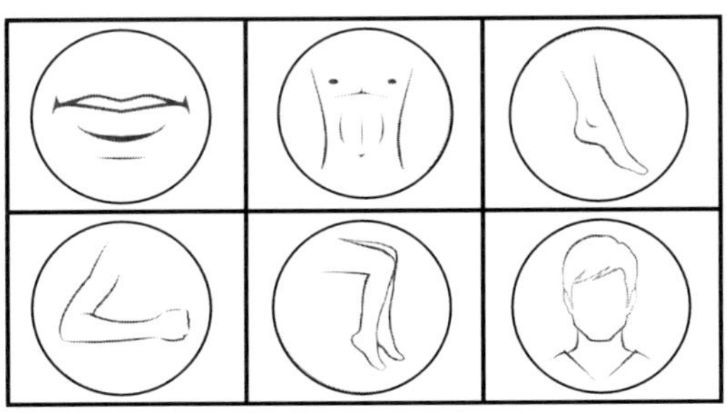

d)

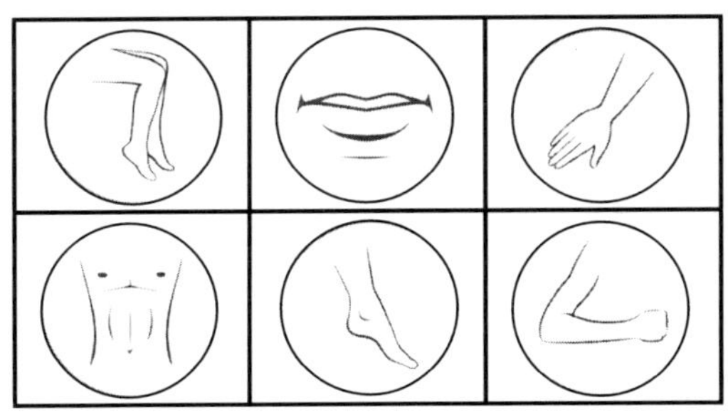

e)

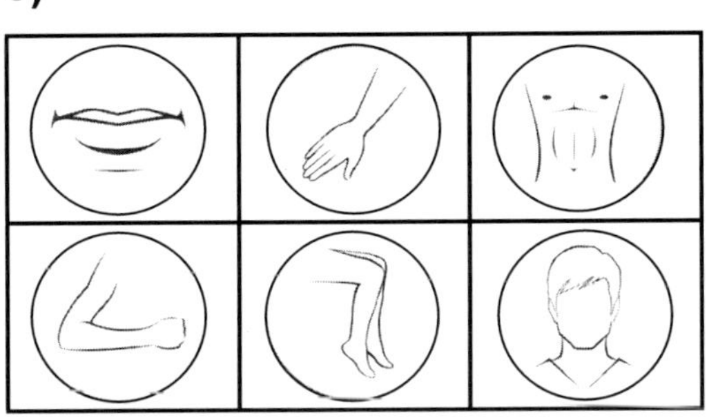

f)

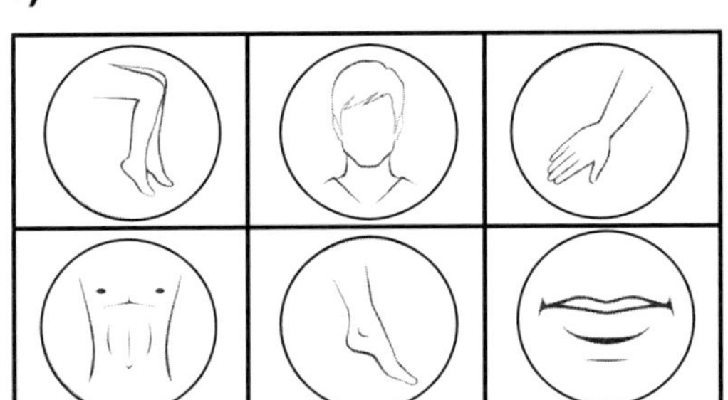

PARLEZ-VOUS FRANÇAIS?
Französisch in der Grundschule / Band 1: 1.-2. Lernjahr – Bestell-Nr. 11 623
KOHL VERLAG

S comme Sport

A, B, C
Touche le nez
D, E
Touche les cheveux
F, G
Lève les pieds
H, I
Sors du lit
J, K
Lève les bras
L, M
Tout comme j'aime!
N, O
Tout en haut
P , Q, R
Pas derrière
S, T
Bougez!
U, V
Se relever
W, X
Idée fixe
Y, Z
tourne la tête!

10 Mon corps

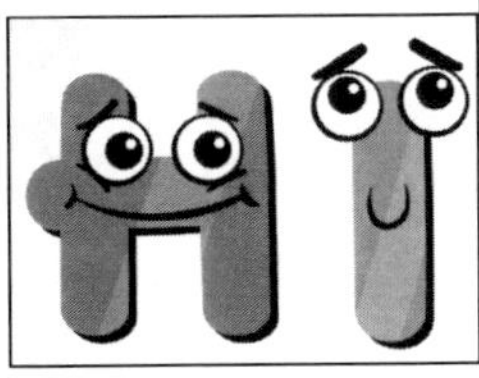

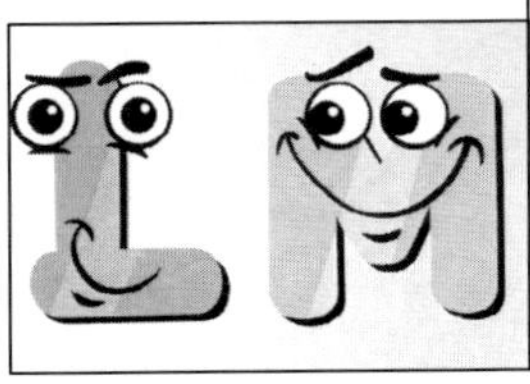

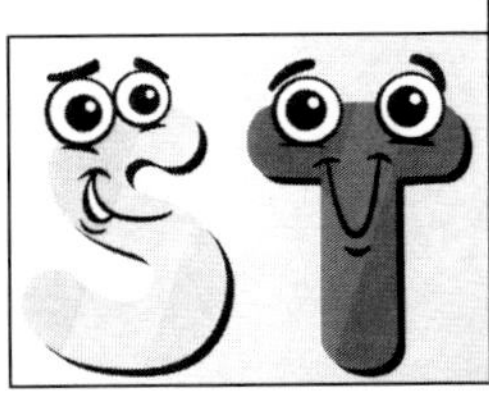

11 Les jouets

11 Les jouets

1. *Qu'est-ce qu'il y a dans la chambre?*

Dans la chambre il y a …

5	1	3	2

Dans la chambre il y a …

		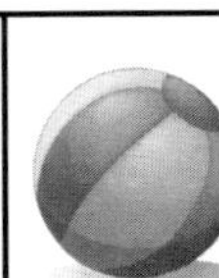	
4	2	1	3

Dans la chambre il y a …

3	3	5	1

Dans la chambre il y a …

2	4	3	1

PARLEZ-VOUS FRANÇAIS?
Französisch in der Grundschule / Band 1: 1.-2. Lernjahr – Bestell-Nr. 11 623
KOHL VERLAG

11 Les jouets

1. *Qu'est-ce qu'il y a dans la chambre? Dessine!*

a)

b)

Dans la chambre il y a …

KOHL VERLAG
PARLEZ-VOUS FRANÇAIS?
Französisch in der Grundschule / Band 1: 1.-2. Lernjahr • Bestell-Nr. 11 52

12 Les chiffres 6-10

1. *Écoute et note les chiffres!*

2. *Joue au bingo!*

a)

b)

c)

d)

KOHL VERLAG
PARLEZ-VOUS FRANÇAIS?
Französisch in der Grundschule / Band 1: 1.-2. Lernjahr – Bestell-Nr. 11 623

13 A l'école

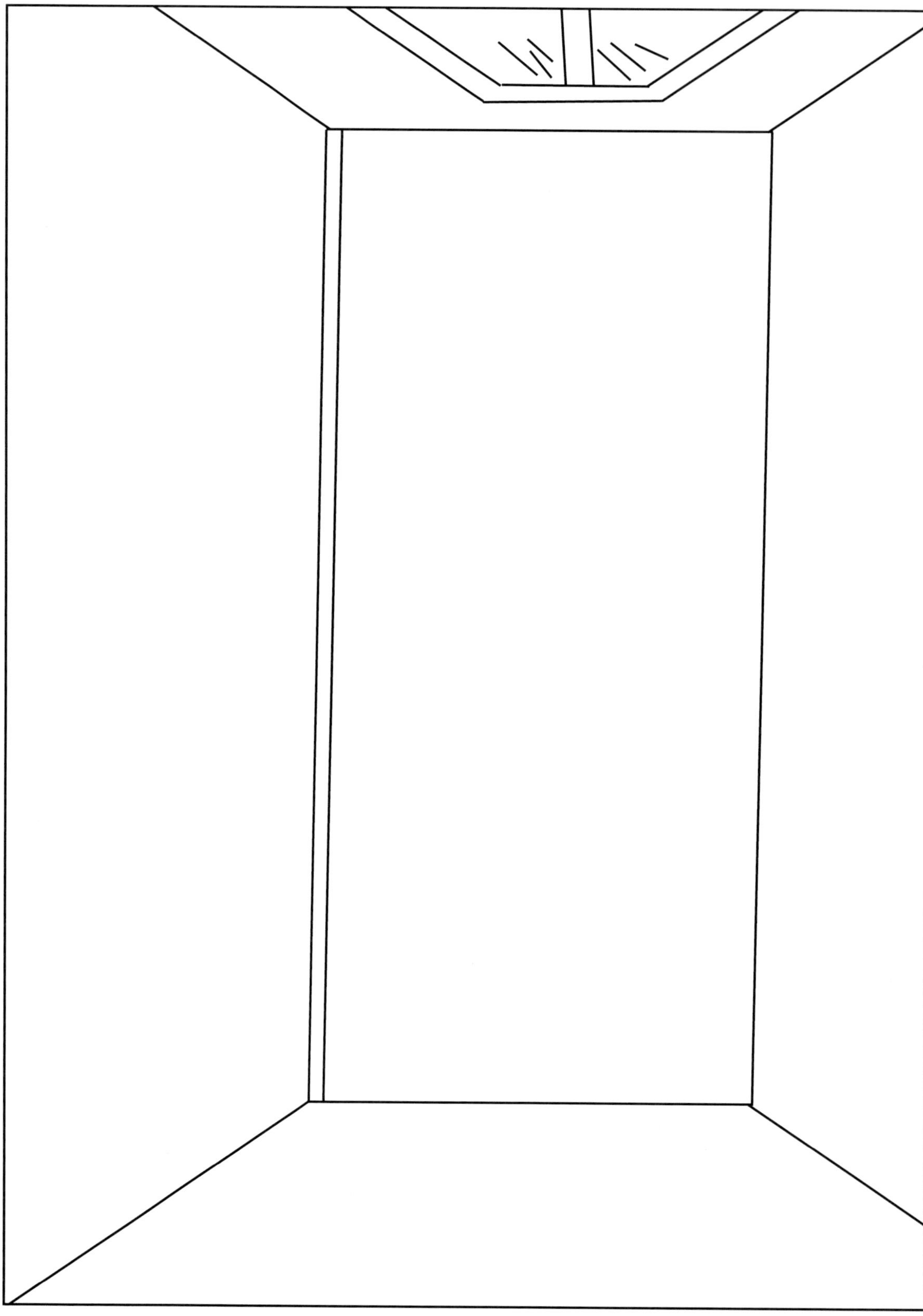

KOHL VERLAG Lernen mit Erfolg
PARLEZ-VOUS FRANÇAIS?
Französisch in der Grundschule / Band 1: 1. 2. Lernjahr – Bestell-Nr. 11 000

13 A l'école

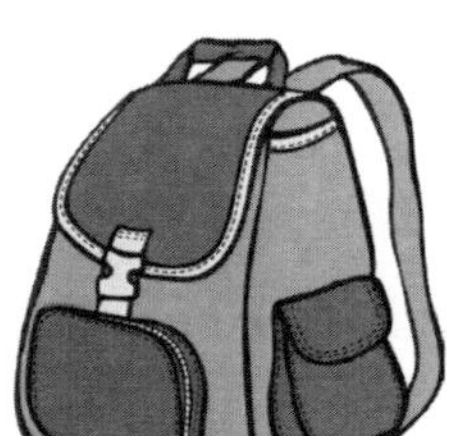

PARLEZ-VOUS FRANÇAIS?
Französisch in der Grundschule / Band 1: 1.-2. Lernjahr – Bestell-Nr. 11 623
KOHL VERLAG

13 A l'école

1. *Qu'est-ce que c'est?* X *Coche la bonne image.*

a)

la poubelle	

	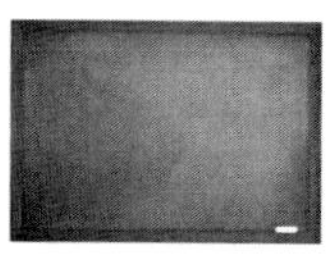

b)

le tableau	

	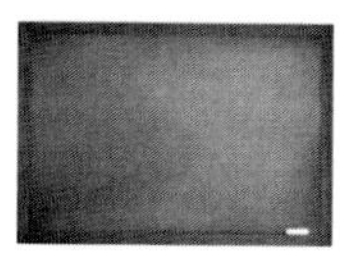

c)

la fenêtre	

d)

la porte	

e)

la table	

	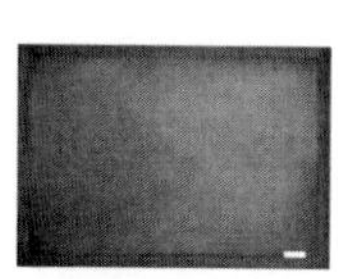

f)

la chaise	

Lucie

Lucie est une fille. Elle a 6 ans. Il est samedi et Lucie veut aller au zoo avec sa maman et son papa. Mais elle est triste. Elle regarde par la fenêtre. Il pleut! Il pleut toujours en avril. Elle regarde par la fenêtre et compte les

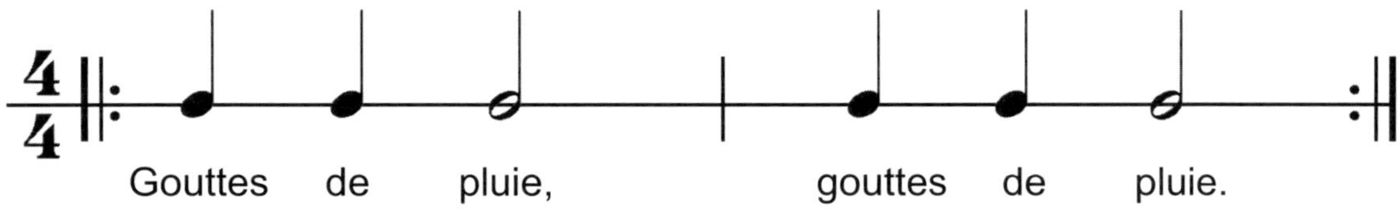

Lucie pleure: «Je veux aller au zoo avec ma maman et mon papa. Je veux voir le tigre et les éléphants. Et les girafes!»

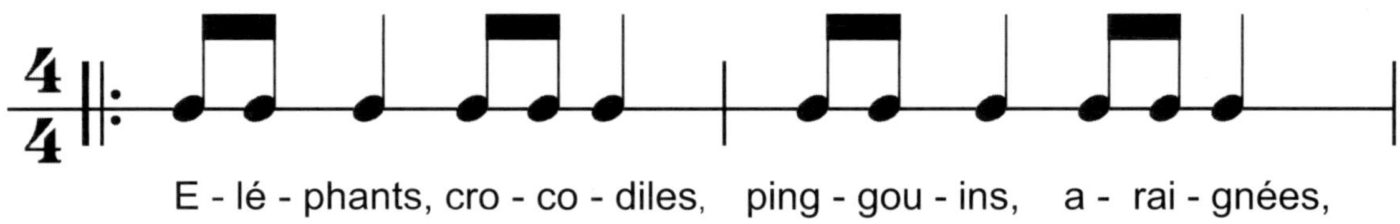

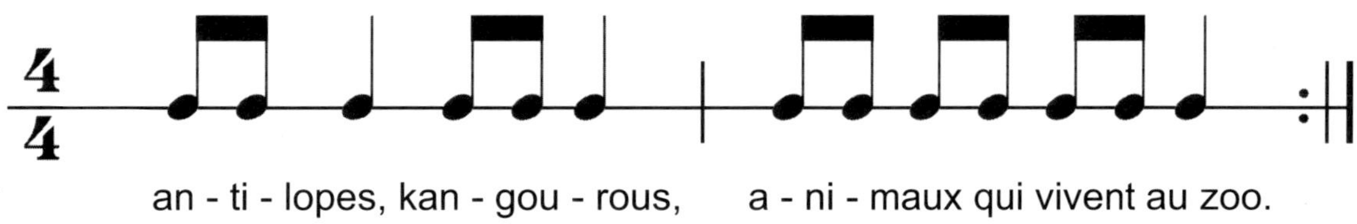

Le papa de Lucie arrive. «Pourquoi tu pleures, Lucie?»
«Je veux aller au zoo, mais on ne peut pas aller au zoo. Il pleut. Regarde!»
«Ah! Mais si. Nous allons au zoo quand même. Mets les bottes de pluie et on va au zoo!»
«Jippieh! Nous allons au zoo! Les bottes ont sauvé la journée.»

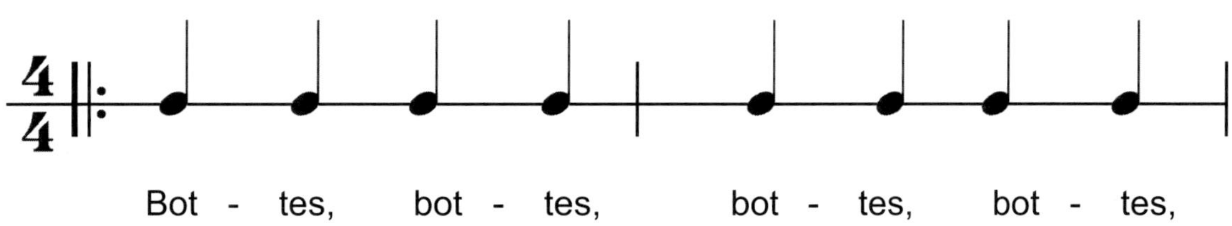

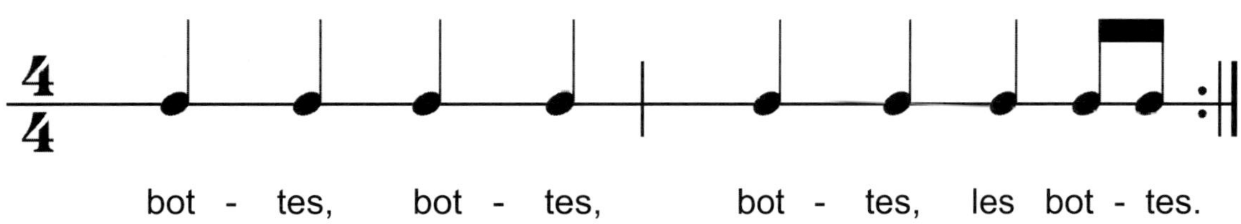

KOHL VERLAG PARLEZ-VOUS FRANÇAIS? Französisch in der Grundschule / Band 1: 1.-2. Lernjahr – Bestell-Nr. 11 623

Lucie

groupe 1

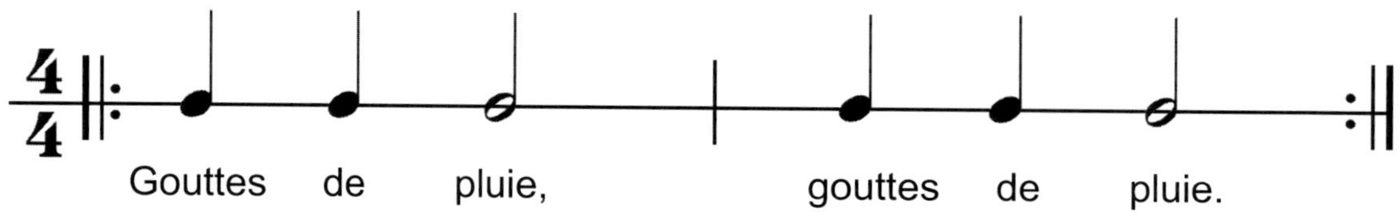

groupe 2

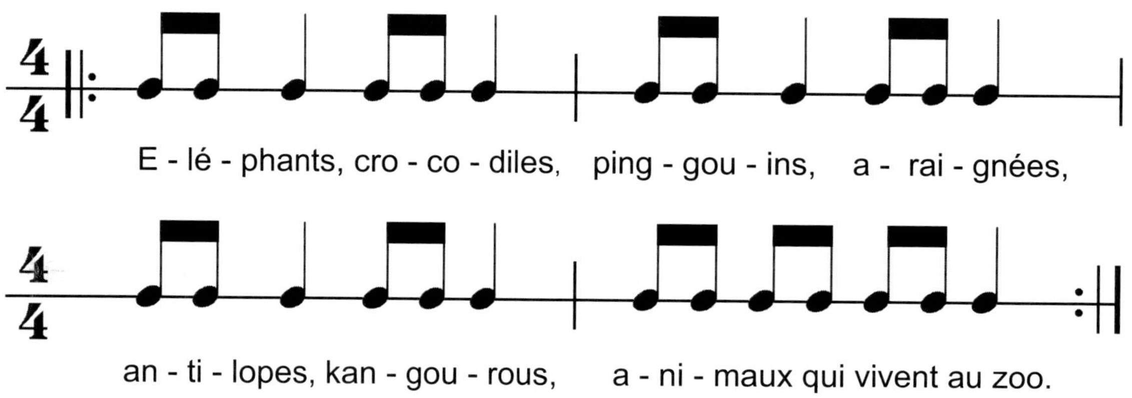

groupe 3

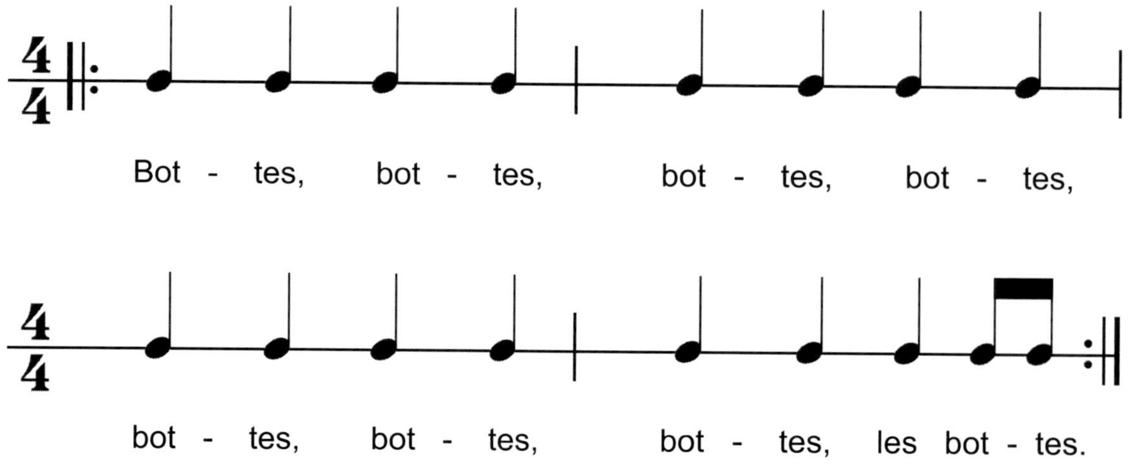

15 Les fruits

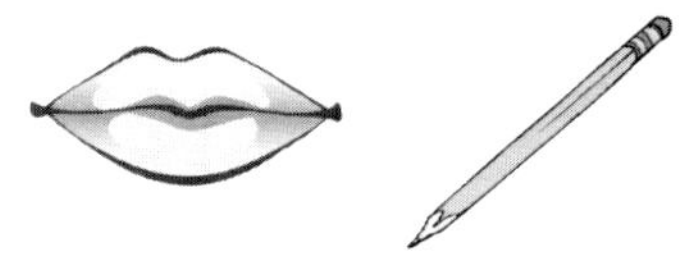

1. *Combien de …?*

PARLEZ-VOUS FRANÇAIS?
Französisch in der Grundschule / Band 1: 1.-2. Lernjahr – Bestell-Nr. 11 623
KOHL VERLAG

Bildquellen

Seite 4ff Symbole:
clipart.com
fotolia.de - © Fiedels
Seite 10 siehe Seite 35/36/37
Seite 13 fotolia.de - © nastho
fotolia.de - © macrovector
fotolia.de - © snyggg.de
Seite 14 fotolia.de - © Anna Velichkovsky
fotolia.de - © Sylwia Nowik
Seite 17 fotolia.de - © oliviaolivia80
fotolia.de - © rvika - Fotolia.com
Seite 18 fotolia.de - © katarzyna b
Seite 19 fotolia.de - © Artem Zamula
Seite 20-23 clipart.com - © 22324966
clipart.com - © 20471602
clipart.com - © 21252647
clipart.com - © 9840494
clipart.com - © 20374452
fotolia.de - © honeyflavour
clipart.com - © 19878209
fotolia.de - © marochkina
clipart.com - © 19896499
Seite 24 fotolia.de - © marina
fotolia.de - © marina
Seite 26 Melodie & Text Tanja Kotter
fotolia.de - © andreas71_5
fotolia.de - © frenta
Seite 25/27 fotolia.de - © cirquedesprit
fotolia.de - © wladi
fotolia.de - © ecco
fotolia.de - © nezezon
fotolia.de - © mallinka1
fotolia.de - © Style Media& Design
Seite 28/29 fotolia.de - © marog-pixcells
fotolia.de - © Spice
fotolia.de - © Aleksandra Smirnova
fotolia.de - © Artenauta
clipart.com
Seite 30 Melodie & Text Tanja Kotter
fotolia.de - © andreas71_5
fotolia.de - © Alexey Bannykh
Seite 31 clipart.com
Seite 32 clipart.com
Seite 33 clipart.com
Seite 34 clipart.com
Seite 35 fotolia.de - © eveleen007
Seite 36 fotolia.de - © Matthew Cole
fotolia.de - © pinkcoala
fotolia.de - ©目覚め女性©
fotolia.de - © Matthew Cole
fotolia.de - © Matthew Cole
fotolia.de - © ようへい
fotolia.de - © Matthew Cole
fotolia.de - © renatas76
fotolia.de - © irinamahova
fotolia.de - © kchungtw
fotolia.de - © tigatelu
fotolia.de - © mrswilkins
clipart.com
Seite 37 fotolia.de - © Igor Zakowski
Seite 38 fotolia.de - © Veszh
fotolia.de - © Matthew Cole
Seite 39 fotolia.de - © Veszh
fotolia.de - © Matthew Cole
fotolia.de - © Matthew Cole
fotolia.de - © Matthew Cole
fotolia.de - © Matthew Cole
fotolia.de - © Matthew Cole
fotolia.de - © Matthew Cole
fotolia.de - © Matthew Cole
Seite 40 fotolia.de - © maly
fotolia.de - © Veszh
fotolia.de - © Matthew Cole
fotolia.de - © Matthew Cole
fotolia.de - © Matthew Cole
fotolia.de - © Matthew Cole
fotolia.de - © Matthew Cole
fotolia.de - © Matthew Cole
Seite 41 fotolia.de - © katarzyna b
Seite 43 fotolia.de - © Becker
fotolia.de - © PrintEquipment
fotolia.de - © kchungtw
clipart.com
Seite 44 fotolia.de - © Lorelyn Medina
fotolia.de - © katarzyna b
fotolia.de - © NLshop
fotolia.de - © kir_prime
clipart.com - © 20432814
clipart.com - © 7707499
clipart.com - © 21927139
clipart.com - © 2062994
Seite 45/46 Melodie & Text Tanja Kotter
fotolia.de - © andreas71_5
Seite 47 fotolia.de - © usikova
fotolia.de - © Matthew Cole
fotolia.de - © Matthew Cole
fotolia.de - © Matthew Cole
fotolia.de - © Matthew Cole
fotolia.de - © iconshow
fotolia.de - © Colorlife
fotolia.de - © Aloksa